CAMIONES GRANDES

por Candice Ransom

ediciones Lerner • Minneapolis

Para Bill, que llegará a casa esta noche

Traducción al español: copyright © 2007 por ediciones Lerner
Título original: *Big Rigs*
Texto: copyright © 2005 por Candice Ransom

La edición en español fue realizada por un equipo de traductores nativos de español de translations.com, empresa mundial dedicada a la traducción.

ediciones Lerner
Una división de Lerner Publishing Group
241 First Avenue North
Minneapolis, MN 55401 EUA

Dirección de Internet: www.lernerbooks.com

Library of Congress Cataloging-in-Publication Data

Ransom, Candice F., 1952–
    [Big rigs. Spanish]
    Camiones grandes / por Candice Ransom.
        p.   cm. – (Libros para avanzar)
    Includes index.
    ISBN-13: 978–0–8225–6500–0 (lib. bdg. : alk. paper)
    ISBN-10: 0–8225–6500–5 (lib. bdg. : alk. paper)
    1. Tractor trailer combinations–Juvenile literature.
    !. Title. II. Series.
    TL230.15.R36518 2007
    629.224–dc22   2006007875

Fabricado en los Estados Unidos de América
1 2 3 4 5 6 – JR – 12 11 10 09 08 07

¿Sabes qué transportan estos camiones?
Los camiones grandes llevan **carga**.

Los camiones grandes pueden transportar caballos. Pueden mover graneros. Ningún trabajo es muy pequeño ni muy grande para un camión grande.

Los camiones grandes pueden llevar casi cualquier cosa. Los camiones portavehículos llevan autos.

Los camiones cisterna transportan
líquidos, como leche o gasolina.

Los camiones de plataforma abierta
transportan cargas muy grandes. Los
camiones grandes pueden mover hasta
60,000 libras (27,000 kilogramos).

¡Los camiones grandes hasta pueden llevar camiones nuevos!

La parte de atrás de este camión está refrigerada. Mantiene la carga fría y fresca.

Los camiones grandes tienen dos partes.
El conductor va en el **tractor**.

El tractor arrastra el **remolque**. La carga se coloca en el remolque.

El remolque se engancha a una placa metálica en el tractor. Esta placa a veces se llama **quinta rueda**.

El remolque tiene patas que se llaman
patas de apoyo. El conductor une el
remolque al tractor, levanta las patas de
apoyo y comienza el viaje.

Los camiones grandes van a todos los lugares donde hay caminos. Atraviesan bosques con gran estruendo.

Cruzan puentes y suben montañas.

La nieve y el hielo no detendrán a este camión. Los camiones grandes están hechos para avanzar.

En colinas empinadas, los camiones pueden tomar mucha velocidad. Para detenerse, entran en caminos de arena. Estas rampas los frenan.

Los camioneros pueden convesar o pedir ayuda en la **banda ciudadana** o CB. Tienen su propio lenguaje. "Diez cuatro" significa "sí". El "martillo" es el acelerador.

Los camiones grandes usan **combustible diesel**. Consumen mucho combustible. Los conductores cargan combustible en las paradas para camiones.

Las paradas para camiones son más que estaciones de carga de combustible. Tienen restaurantes y hasta duchas.

En los camiones grandes, ¡todo es grande! El volante es más grande que una pizza extragrande.

La mayoría de los camiones tienen 18 ruedas, 9 a cada lado. ¡Éste tiene 22 ruedas!

Estos camiones son tan grandes que el conductor tiene que subirse al neumático para llegar al **motor**.

El interior del tractor es la **cabina**. Es
tan grande que cabe una cama. Los
camioneros se detienen y duermen en
la cabina durante los viajes largos.

De día o de noche, hay camiones grandes en los caminos.

Datos sobre los camiones grandes

- Un camión sin remolque se llama "camión rabón" o "torton". Pesa cerca de 19,000 libras (8,600 kilogramos).

- Un tractor puede mover 60,000 libras (27,000 kilogramos). Se necesitarían 500 ó 600 caballos para mover esa carga.

- La mayoría de los camiones grandes tienen dos tanques de diesel. En cada uno caben casi 150 galones (570 litros). Eso es igual a 300 botellas de leche. Es tanto combustible, que en un viaje de Nueva York a Los Ángeles, el conductor tendría que cargar combustible una sola vez.

- En el lenguaje de los camioneros, a los policías los llaman "osos".

- El motor de un camión grande es cuatro veces más grande que el motor de un auto deportivo. Los camiones grandes son más lentos que los autos comunes porque son muy pesados.

Partes de un camión grande

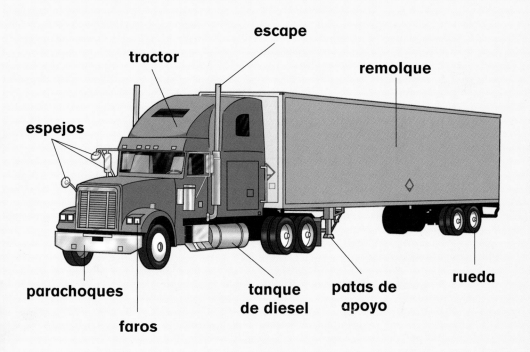

escape

tractor

remolque

espejos

parachoques

tanque
de diesel

patas de
apoyo

rueda

faros

Glosario

banda ciudadana (CB): radio que puede enviar y recibir mensajes. Los conductores la usan para hablar entre ellos.

cabina: donde viaja el conductor en un camión

carga: las cajas o cosas que transporta un camión

combustible diesel: un tipo de gasolina espesa

motor: máquina que le da potencia al camión

quinta rueda: parte de un camión grande que conecta el frente con la parte trasera

remolque: parte de un camión grande que transporta las cosas y es remolcada por el tractor

tractor: camión que tiene motor y cabina

Índice

Acerca de la autora

Candice Ransom se solía quedar despierta cuando era niña, escuchando a los camiones grandes cambiar de marcha al subir la colina cerca de su casa. Su cuñado ha conducido tractocamiones durante años y ella lo ha acompañado. Aunque Candice disfruta más de andar a caballo, aún siente un gran respeto por los hombres y mujeres que conducen camiones grandes. Es autora de más de 80 libros para niños, y vive con su esposo y sus tres gatos en Virginia.

Agradecimientos de fotografías

Las fotografías que aparecen en este libro son cortesía de: © Howard Ande, portada, págs. 6, 9, 10, 17, 31; © Jim Schwabel/Grant Heilman Photography, pág. 3; © Todd Strand/Independent Picture Service, págs. 4, 14, 20, 26; © Jim Baron/The Image Finders, págs. 5, 27; © Betty Crowell, págs. 7, 11, 19, 21; © Mark E. Gibson/The Image Finders, págs. 8, 16, 18; © Patti McConville/The Image Finders, pág. 12; © Artemis Images/ATD Group, Inc., págs. 13, 25; © Michael Evans/The Image Finders, pág. 15; © Richard A. Cooke/CORBIS, pág. 22; © Mary Messenger/Grant Heilman Photography, pág. 23; © Eugene G. Schulz, pág. 24. Ilustración de la pág. 29 de Bill Hauser, © Independent Picture Service.